La création littéraire et le rêve éveillé

Sigmund Freud

Traduit de l'Allemand par Marie Bonaparte
et Mme E. Marty, 1933.

•••

Les traductrices se sont servies des textes contenus dans le Xe volume des *Gesammelte Schriften* (Œuvres complètes) de Sigmund Freud, paru en 1921 à l'*Internationaler Psychoanalytischer Verlag*, Leipzig, Vienne, Zurich.

Les traductions du *Moïse de Michel-Ange*, d'*Une névrose démoniaque au XVIIe siècle* et du *Thème des trois coffrets* ont paru une première fois dans la *Revue française de Psychanalyse* (Paris, Doin, 1927, t. I, fasc. 1, 2 et 3).

La création littéraire et le rêve éveillé

Nous autres, profanes, avons toujours vivement désiré savoir d'où cette personnalité à part, le créateur littéraire (poète, romancier ou dramaturge), tire ses thèmes ceci à peu près dans le sens de la question qu'un certain cardinal adressait à l'Arioste, — et comment il réussit, grâce à eux, à nous émouvoir si fortement, à provoquer en nous des émotions dont quelquefois même nous ne nous serions pas crus capables. Notre intérêt à cet égard ne fait que s'accroître quand nous voyons le créateur lui-même, lorsque nous l'interrogeons, ne pas savoir nous donner de réponse, du moins pas de réponse satisfaisante. Et cet intérêt ne se laisse pas non plus troubler par ce fait bien connut que l'intelligence la meilleure du choix des thèmes et de l'essence de l'art poétique ne saurait en rien contribuer à faire de nous des créateurs.

Si du moins nous pouvions découvrir en nous, ou chez quelqu'un de nos pareils, une activité en quelque sorte apparentée à celle du poète ! L'étude de celle-ci nous permettrait d'espérer une première élucidation de son travail créateur. Et cela semble[1] n'être pas un vain espoir : les créateurs eux-mêmes se plaisent à diminuer la distance entre ce qui fait leur originalité et la manière d'être en général des hommes ; ils nous assurent bien souvent que chaque homme recèle un poète et que le dernier poète ne mourra qu'avec le dernier homme.

Ne devrions-nous pas rechercher, chez l'enfant déjà, les premières traces de l'activité poétique ? L'occupation préférée et la plus intensive de l'enfant est le jeu.

Peut-être sommes-nous en droit de dire que tout enfant qui joue se comporte en poète, en tant qu'il se crée un monde à lui, ou, plus exactement, qu'il transpose les choses du monde où il vit dans un ordre nouveau tout à sa convenance. Il serait alors injuste de dire qu'il ne prend pas ce monde au sérieux ; tout au contraire, il prend très au sérieux son jeu, il y emploie de grandes quantités d'affect, Le contraire du jeu n'est pas le sérieux, mais la réalité. En dépit de tout investissement d'affect, l'enfant distingue fort bien de la réalité le monde de ses jeux, il cherche volontiers un point d'appui aux objets et aux situations qu'il imagine dans les choses palpables et visibles du monde réel. Rien d'autre que cet appui ne différencie le jeu de l'enfant du « rêve éveillé ».

Le poète fait comme l'enfant qui joue ; il se crée un monde imaginaire qu'il prend très au sérieux, c'est-à-dire qu'il dote de grandes quantités d'affect, tout en le distinguant nettement de la réalité. Et la langue allemande, en particulier, a maintenu cette parenté du jeu enfantin et de la création poétique en appelant *Spiele* (jeux) celles des créations littéraires qui ont besoin de trouver cet appui à des objets palpables et qui sont susceptibles de représentations : on dit *Lustspiel* (comédie), *Trauerspiel* (tragédie), et on appelle *Schauspieler* (acteur) la personne qui les « Joue ». Mais de cette irréalité du monde poétique résultent des conséquences très importantes pour la technique artistique, car bien des choses qui, si elles étaient réelles, ne sauraient provoquer de plaisir, y parviennent cependant dans le jeu de la fantaisie et bien des émotions, en elles-mêmes pénibles, peuvent devenir une source de jouissance pour l'auditeur ou le spectateur.

Arrêtons-nous un moment encore à l'opposition entre la réalité et le jeu, ceci en vue d'établir un nouveau rapport.

Quand l'enfant a grandi et qu'il a cessé de jouer, quand il s'est pendant des années psychiquement efforcé de saisir les réalités de la vie avec le sérieux voulu, il peut arriver qu'il tombe un beau jour dans une disposition psychique qui efface à nouveau cette opposition entre jeu et réalité. L'homme adulte se souvient du grand sérieux avec lequel il s'adonnait à ses jeux d'enfant, et il en vient à comparer ses occupations soi-disant graves à ces jeux infantiles : il s'affranchit alors de l'oppression par trop lourde de la vie et il conquiert la jouissance supérieure de l'humour.

Ainsi celui qui avance en âge cesse de jouer, il renonce en apparence au plaisir qu'il tirait du jeu. Mais tout connaisseur de la vie psychique de l'homme sait qu'il n'est guère de chose plus difficile à celui-ci que le renoncement à une jouissance déjà éprouvée. À vrai dire, nous ne savons renoncer à rien, nous ne savons qu'échanger une chose contre une autre ; ce qui paraît être renoncement n'est en réalité que formation substitutive. Aussi l'adolescent, en grandissant, ne renonce-t-il, lorsqu'il cesse de jouer, à rien d'autre qu'à chercher un point d'appui dans les objets réels ; au lien de jouer il s'adonne maintenant à sa fantaisie. Il édifie des châteaux en Espagne, poursuit ce qu'on appelle des rêves éveillés. Je crois que la plupart des hommes, à certaines époques de leur vie, se créent ainsi des fantasmes. C'est là un fait qu'on a longtemps négligé de voir et que l'on n'a, par suite, pas estimé à sa juste valeur.

Il est moins facile d'observer le travail de la fantaisie chez les hommes que le jeu chez les enfants. L'enfant aussi ne joue certes que pour lui seul, ou bien il organise avec d'autres enfants un système psychique fermé en vue du jeu, mais s'il ne joue pas en vue des adultes, du moins ne se cache-t-il pas d'eux pour jouer.

L'adulte, par contre, a honte de ses fantasmes et les dissimule aux autres, il les couve comme ses intimités les plus personnelles ; en règle générale, il préférerait avouer ses fautes que de faire part de ses fantasmes. Il peut arriver qu'il se figure ainsi être le seul à former de semblables fantasmes et qu'il ne se doute pas de l'universelle diffusion de créations tout à fait analogues chez les autres. Cette différence d'attitude entre qui joue et qui s'abandonne à ses fantasmes se fonde sur les mobiles présidant à ces deux sortes d'activité, lesquelles pourtant se continuent l'une l'autre.

Le jeu des enfants est orienté par des désirs, à proprement parler par ce désir qui aide à élever l'enfant, celui de devenir grand, adulte. L'enfant joue toujours à « être grand », il imite dans ses jeux ce qu'il a pu connaître de la vie des grandes personnes. Il n'a donc aucune raison de dissimuler ce désir. Il n'en est pas de même de l'homme fait ; celui-ci, d'une part, sait qu'on attend de lui, non plus qu'il joue ou qu'il s'abandonne à sa fantaisie, mais qu'il agisse dans le monde réel ; d'autre part, parmi les désirs qui sont à la base de ses fantasmes, il en est qu'il est nécessaire de dissimuler ; c'est pourquoi l'adulte a honte de ses fantasmes, les sentant enfantins et interdits.

Vous allez peut-être demander comment il se fait qu'on soit si bien renseigné sur les fantasmes des hommes, puisqu'ils s'enveloppent de tant de mystère. Or, il est une sorte de personnes auxquelles, non pas un dieu, mais une sévère déesse — la nécessité — a donné la mission d'exprimer ce qu'elles souffrent et de quoi elles se réjouissent. Ce sont les névrosés, qui doivent avouer jusqu'à leurs fantasmes au médecin dont ils attendent la guérison par un traitement psychique ; de cette source émane ce que nous savons de plus sûr.

Et nous en sommes alors venus à supposer à juste titre que nos malades ne nous révèlent rien que nous ne trouverions aussi bien chez les gens bien portants.

Essayons de saisir quelques-uns des caractères du rêve éveillé. On peut dire que l'homme heureux n'a pas de fantasmes, seul en crée l'homme insatisfait. Les désirs non satisfaits sont les promoteurs des fantasmes, tout fantasme est la réalisation d'un désir, le fantasme vient corriger la réalité qui ne donne pas satisfaction. Les désirs qui fournissent son impulsion au fantasme varient suivant le sexe, le caractère et les conditions de vie du sujet qui se livre à sa fantaisie, mais on peut sans effort les grouper dans deux directions principales. Ce sont, soit des désirs ambitieux, qui servent à exalter la personnalité, soit des désirs érotiques. Chez la jeune femme, les désirs érotiques dominent presque exclusivement, car l'ambition de la Jeune femme est en général absorbée par les tendances amoureuses ; chez le jeune homme, à côté des désirs érotiques, les désirs égoïstes et ambitieux sont assez flagrants. Cependant, nous ne voulons pas insister sur l'opposition existant entre ces deux orientations, mais plutôt indiquer que souvent elles se confondent ; de même que dans beaucoup de retables d'autel le portrait du donateur est visible dans un coin, nous pouvons découvrir dans la plupart des fantasmes d'ambition, cachée dans quelque coin, la dame pour laquelle le rêveur accomplit tous ses exploits, celle aux pieds de laquelle il dépose en offrande tous ses succès. Vous voyez qu'il y a là bien des causes à dissimulation ; on n'accorde en général à la femme bien élevée qu'un minimum de besoins érotiques et le jeune homme doit apprendre à réprimer l'excès d'égoïsme qui lui reste des gâteries de l'enfance, en vue de l'adaptation à une société pleine d'individus tout aussi débordants d'ambition que lui-même. Ne nous figurons pas que les créations de cette activité de l'imagination, les divers fantasmes, châteaux en Espagne ou rêves éveillés, soient fixes et immuables. Ils se modèlent bien plutôt sur les impressions successives qu'apporte la vie, ils se modifient avec chaque oscillation dans la situation du sujet, ils reçoivent pour ainsi dire de chaque impression nouvelle et forte une estampille temporelle. Les rapports du fantasme au temps sont d'ailleurs des plus significatifs, Un fantasme flotte pour ainsi dire entre trois temps, les trois moments temporels de notre faculté représentative. Le travail psychique part d'une impression actuelle, d'une occasion offerte par le présent, capable d'éveiller un des grands désirs du sujet ; de là, il s'étend au souvenir d'un événement d'autrefois, le plus souvent infantile, dans lequel ce désir était réalisé ; il édifie alors une situation en rapport avec l'avenir et qui se présente sous forme de réalisation de ce désir, c'est là le rêve éveillé ou le fantasme, qui porte les traces de son origine : occasion présente et souvenir. Ainsi passé, présent et futur s'échelonnent au long du fil continu du désir.

L'exemple le plus banal illustrera ce que je viens de dire. Imaginez un jeune homme pauvre et orphelin à qui vous auriez donné l'adresse d'un patron chez lequel il pourrait trouver un emploi. Peut-être en route s'abandonnera-t-il à un rêve éveillé, adapté à sa situation présente et engendré par elle. Ce fantasme pourra consister à peu près en ceci : le jeune homme est agréé, il plaît à son nouveau patron, on ne peut plus se passer de lui dans l'entreprise, il est reçu dans la famille du patron, il épouse la ravissante jeune fille de la maison et dirige alors lui-même l'affaire en tant qu'associé et, plus tard, successeur du patron.

Le rêveur se procure par là à nouveau ce qu'il avait possédé dans son heureuse enfance : la maison protectrice, les parents aimants et les premiers objets de ses tendres penchants. Vous voyez par cet exemple comment le désir sait exploiter une occasion offerte par le présent afin d'esquisser une image de l'avenir sur le modèle du passé.

Il y aurait beaucoup à dire encore sur les fantasmes ; je veux nie borner aux plus sommaires indications. L'envahissement du psychisme par les fantasmes et le fait qu'ils deviennent prépondérants sont des conditions déterminantes de la névrose ou de la psychose ; les fantasmes sont d'ailleurs les premiers échelons psychiques des symptômes de souffrance dont nos malades se plaignent. Ici se branche une large voie qui va vers la pathologie.

Mais je ne saurais omettre les rapports des fantasmes aux rêves. Nos songes nocturnes, eux-mêmes, ne sont rien d'autre que de tels fantasmes, ainsi que nous pouvons le rendre évident par l'interprétation des rêves. Le langage, dans son incomparable sagesse, a depuis longtemps répondu à la question relative à la nature des rêves, en appelant « rêves diurnes » les créations en l'air de ceux qui s'abandonnent à leur fantaisie. Si, malgré un tel indice, le sens de nos songes le plus souvent nous demeure indistinct, cela tient à ceci que la nuit s'éveillent en nous encore certains désirs dont nous avons honte et que nous sommes forcés de cacher à nous-mêmes, qui par cela même sont refoulés, repoussés dans l'inconscient. Seule une expression des plus déformées peut être accordée à de tels désirs ainsi qu'à leurs rejetons. Lorsqu'il fut devenu possible à la science d'élucider la déformation du rêve, il devint facile de voir que les rêves nocturnes sont des réalisations de désirs au même titre que les rêves diurnes, ces fantasmes que nous connaissons tous si bien.[2]

Laissons à présent les fantasmes et occupons-nous du poète ! Sommes-nous vraiment autorisés à comparer le poète au « rêveur en plein jour » et ses créations à des rêves diurnes ? Une première distinction s'impose ; nous devrons séparer les auteurs qui, tels les anciens poètes épiques et tragiques, reçoivent leurs thèmes tout faits de ceux qui semblent les créer spontanément. Tenons-nous-en à ces derniers et ne choisissons pas justement, pour servir à notre comparaison, les écrivains les plus estimés de la critique, mais plutôt ces auteurs de romans, de nouvelles, de contes, qui sont sans prétention niais qui, par contre, trouvent les plus nombreux et les plus empressés lecteurs et lectrices. Un trait nous frappe tout d'abord dans les œuvres de ces conteurs : on y trouve toujours un héros sur lequel se concentre l'intérêt, pour qui le poète cherche par tous les moyens à gagner notre sympathie et qu'une providence spéciale semble protéger. Ai-je abandonné à la fin d'un chapitre le héros évanoui et perdant son sang par de profondes blessures, je suis sûr de le retrouver, au début dit chapitre suivant, entouré de soins empressés et cri bonne voie de guérison. Et si le premier volume s'est terminé par le naufrage du vaisseau dans la mer déchaînée, vaisseau où se trouvait notre héros, Je suis certain qu'au commencement du deuxième volume j'apprendrai son sauvetage miraculeux sans lequel, du reste, le roman n'aurait pas de suite. Le sentiment de sécurité avec lequel j'accompagne le héros dans ses dangereuses péripéties est le même avec lequel un véritable héros se précipite à l'eau pour sauver un homme qui se noie, ou bien s'expose au feu de l'ennemi pour enlever d'assaut une batterie ; c'est ce sentiment propre à l'héroïsme qu'un de nos meilleurs auteurs (*Anzengruber*) a si pittoresquement exprimé ainsi : *Es kann dir nix g'schehen* (Il ne peut rien t'arriver).

On peut, je crois, sans peine reconnaître à cet indice d'invulnérabilité qui se trahit ici : c'est sa majesté le moi, héros de tous les rêves diurnes comme de tous les romans.

D'autres traits typiques de ces récits égocentriques marquent cette même parenté. Si toutes les femmes du roman tombent régulièrement amoureuses du héros, il faut voir là, non pas un tableau de la réalité, mais un élément nécessaire du rêve diurne. De même, si les autres personnages du roman se divisent en « bons et en méchants », renonçant à ce caractère bigarré que les caractères humains nous offrent dans la réalité, c'est que les « bons » sont ceux qui viennent en aide au mol, devenu le héros du roman, tandis que les « méchants » figurent ses ennemis et ses concurrents.

Sans méconnaître que bien des créations littéraires s'éloignent fort du prototype que constitue le naïf rêve diurne, je ne puis m'empêcher de penser que même les œuvres s'écartant le plus de ce type s'y rattachent par une série de transitions continues. Dans un grand nombre des romans dits psychologiques, j'ai été frappé de voir qu'un personnage seul, le héros toujours, se trouve décrit du dedans c'est dans son âme, en quelque sorte, que réside l'auteur et c'est de là qu'il considère les autres personnages, pour ainsi dire du dehors. Le roman psychologique doit en somme sa caractéristique à la tendance de l'auteur moderne à scinder son moi par l'auto-observation en « moi partiels », ce qui l'amène à personnifier en héros divers les courants qui se heurtent dans sa vie psychique. En opposition toute particulière avec ce type du rêve diurne semblent être les romans qu'on pourrait qualifier d'« excentriques », dans lesquels le personnage qui en est le héros tient de tous le rôle le moins actif et regarde bien plutôt en simple spectateur le défilé des actes et des misères des autres.

Plusieurs des derniers romans de Zola sont de ce genre. Je ferai cependant observer que l'analyse psychologique d'individus non créateurs, et qui s'écartent sur plusieurs points de la soi-disant norme, nous a familiarisés avec des variétés analogues de rêves diurnes dans lesquelles le mot se contente du rôle de spectateur.

Si notre assimilation du poète au rêveur éveillé et de la création littéraire au rêve diurne doit acquérir quelque valeur, il faut avant tout que, d'une manière quelconque, elle se montre féconde. Essayons donc d'appliquer aux œuvres des écrivains notre proposition précédente sur le rapport du fantasme aux trois temps qui s'échelonnent au long du fil continu du désir, et tâchons d'étudier sous ce jour les relations qui existent entre la vie de l'auteur et ses créations. On n'a en général pas su avec quelles hypothèses aborder ce problème ; souvent on s'est représenté ce rapport comme beaucoup trop simple. Grâce à l'intelligence que nous avons acquise au sujet des fantasmes, nous devons nous attendre à ce que l'état des choses soit tel : un événement intense et actuel éveille chez le créateur le souvenir d'un événement plus ancien, le plus souvent d'un événement d'enfance ; de cet événement primitif dérive le désir qui trouve à se réaliser dans l'œuvre littéraire ; on peut reconnaître dans l'œuvre elle-même aussi bien des éléments de l'impression actuelle que de l'ancien souvenir.

Ne vous effrayez pas de ce que cette formule a de compliqué ; je présume qu'en fait elle ne nous apporte qu'un schéma insuffisant. Mais il se pourrait cependant qu'elle constituât une première approximation de l'état réel des choses et, à la suite de quelques essais que j'ai entrepris, j'inclinerais à croire qu'une pareille conception des créations littéraires pourrait ne pas se montrer infructueuse.

N'oubliez pas que la façon, peut-être surprenante, dont j'ai souligné l'importance des souvenirs d'enfance dans la vie des créateurs, découle en dernier lieu de l'hypothèse d'après laquelle l'œuvre littéraire, tout comme le rêve diurne, serait une continuation et un substitut du jeu enfantin d'autrefois.

Revenons-en à présent à cette catégorie d'œuvres dans lesquelles nous devons reconnaître, non des créations librement conçues, mais le remaniement de thèmes donnés et connus. Là encore le créateur conserve une certaine indépendance qui se manifeste dans le choix des sujets et dans les changements souvent notables qu'il se permet à leur égard. Mais, en tant que ces sujets sont donnés, ils proviennent du trésor du folklore : mythes, légendes et contes. L'étude de ces productions psycho-ethnologiques n'est certes pas encore achevée, mais, en ce qui touche par exemple les mythes, il semble tout à fait probable qu'ils sont les reliquats déformés des fantasmes de désir de nations entières, les rêves séculaires de la jeune humanité.

Vous direz que je vous ai parlé bien davantage des fantasmes que du créateur et de la création littéraire, laquelle occupait cependant la première place dans le titre de mon essai. Je le sais et je m'en excuse en appelant à l'état actuel de nos connaissances. Je ne pouvais vous apporter que des incitations et des propositions, lesquelles parties de l'étude des fantasmes empiètent sur le problème du choix des thèmes. Nous n'avons pas encore effleuré cet autre problème : par quels moyens le créateur parvient-il à produire l'effet que ses créations éveillent en nous ? Je voudrais du moins vous montrer encore quelle voie mène de ce que nous venons de dire sur les fantasmes au problème de l'effet produit par les œuvres littéraires.

Nous avons dit, vous vous le rappelez, que le rêveur éveillé cache soigneusement aux autres ses fantasmes, car il sent qu'il a des raisons d'en avoir honte. J'ajouterai que, nous les communiquât-il, cette révélation ne nous procurerait aucun plaisir. De pareils fantasmes, lorsque nous les rencontrons, nous semblent repoussants, ou bien tout simplement ils nous laissent froids. Mais lorsque le créateur littéraire joue devant nous ses jeux ou nous raconte ce que nous inclinons à considérer comme ses rêves diurnes personnels, nous éprouvons un très grand plaisir dû sans doute à la convergence de plusieurs sources de jouissance. Comment parvient-il à ce résultat ? C'est là son secret propre, et c'est dans la technique qui permet de surmonter cette répulsion qui, certes, est en rapport avec les limites existant entre chaque moi et les autres moi, que consiste essentiellement l'*ars poetica*. Nous pouvons deviner deux des moyens qu'emploie cette technique : le créateur d'art atténue le caractère du rêve diurne égoïste au moyen de changements et de voiles et il nous séduit par un bénéfice de plaisir purement formel, c'est-à-dire par un bénéfice de plaisir esthétique qu'il nous offre dans la représentation de ses fantasmes. On appelle prime de séduction, ou plaisir préliminaire, un pareil bénéfice de plaisir qui nous est offert afin de permettre la libération d'une jouissance supérieure émanant de sources psychiques bien plus profondes. Je crois que tout plaisir esthétique produit en nous par le créateur présente ce caractère de plaisir préliminaire, niais que la véritable jouissance de l'œuvre littéraire provient de ce que notre âme se trouve par elle soulagée de certaines tensions. Peut-être même le fait que le créateur nous met à même de jouir désormais de nos propres fantasmes sans scrupule ni honte contribue-t-il pour une large part à ce résultat ?

Nous pourrions ainsi nous trouver au début de recherches nouvelles, intéressantes et complexes, mais, pour cette fois du moins, nous voici parvenus au terme de nos considérations.

FIN DE L'ARTICLE.

[1] A paru d'abord dans la Neue Revue, 1re année (1908), ensuite dans la deuxième série de la Sammlung kleiner Schriften zur Neurosenlehre.

[2] Comparez Traumdeutung de l'auteur, 1900 Schriften, vol. II et III) ; La Science des rêves (trad. Meyerson, Payot, Paris, 1929).

L'histoire de la vie de Freud est celle de la psychanalyse Freud. Elle a fait l'objet de nombreux articles et biographies dont la plus connue est celle d'Ernest Jones (La vie et l'œuvre de Sigmund Freud, 1953 à 1958), proche contemporain de Freud. Le premier biographe fut Fritz Wittels, qui a publié en 1924 Freud : l'homme, la doctrine, l'école5. L'écrivain Stefan Zweig a aussi écrit une biographie (La guérison par l'esprit, 1932). Le médecin de Freud Max Schur, devenu psychanalyste, a étudié son rapport à la mort dans la clinique et la théorie puis face à la maladie qui devait l'emporter en 1939 (La mort dans la vie et l'œuvre de Freud, 1972).

De nombreux contemporains ou disciples lui ont également consacré une biographie, souvent hagiographique, tels Lou Andreas-Salomé, Thomas Mann, Siegfried Bernfield, Ola Andersson, Kurt Robert Eissler et Carl Schorske.

Didier Anzieu a publié en 1998, sous le titre L'auto-analyse de Freud et la découverte de la psychanalyse, une étude très détaillée de l'auto-analyse de Freud et du processus créatif qui en a découlé. Marthe Robert est l'auteur d'une biographie littéraire (La Révolution psychanalytique, 2002). Peter Gay a écrit Freud une vie (1991), Henri Ellenberger une Histoire de la découverte de l'inconscient (1970).

Les ouvrages critiques édités ont pour auteurs Mikkel Borch-Jacobsen et Sonu Shamdasani (Le Dossier Freud : enquête sur l'histoire de la psychanalyse, 2006), Jacques Bénesteau (Mensonges freudiens : histoire d'une désinformation séculaire, 2002) ou encore Michel Onfray (Le crépuscule d'une idole, 2010).

Dans le même temps, Alain de Mijolla analysait dans Freud et la France, 1885-1945 (2010) les relations complexes entre Freud et les intellectuels français jusqu'en 1945, tandis qu'Élisabeth Roudinesco publiait en 2014 un essai biographique et historique intitulé Sigmund Freud en son temps et dans le nôtre.

Source : Wikipédia